# 種 詩 的 人

## —— 八行詩 300 首

台 客 著

文 史 哲 詩 叢

文史哲出版社印行

國家圖書館出版品預行編目資料

種詩的人：八行詩 300 首 / 台客著. -- 初版
-- 文史哲, 民 108.08
頁； 公分（文史哲詩叢；144）
ISBN 978-986-314-480-9（平裝）

863.51                               108012183

# 文 史 哲 詩 叢　144

# 種　詩　的　人
## —— 八行詩 300 首

著　　者：台　　　　　　　客
出 版 者：文　史　哲　出　版　社
　　　　http://www.lapen.com.tw
　　　　e-mail：lapen@ms74.hinet.net
登記證字號：行政院新聞局版臺業字五三三七號
發 行 人：彭　　　正　　　雄
發 行 所：文　史　哲　出　版　社
印 刷 者：文　史　哲　出　版　社
臺北市羅斯福路一段七十二巷四號
郵政劃撥帳號：一六一八〇一七五
電話886-2-23511028・傳真886-2-23965656

### 實價新臺幣二八〇元

二〇一九年（民國一〇八）九月初版

# 前　言

## 八行詩創作論

　　八行詩是小詩的一種。一般來說，十行以內的詩都可以算小詩。九行七行五行詩較少詩人觸及。其餘一行兩行三行四行六行八行十行，在很多詩刊詩集都可看到。只是量多寡的問題！有人專攻三行詩（又叫微型詩），有人專寫四行或六行詩，甚至量多得可以出版專門詩集！如今筆者推出這本八行詩專輯《種詩的人～八行詩 300 首》，也可算創記錄吧！

　　開始寫八行詩，大約在兩三年前。香港微型詩人怡凡，因主編一本微型詩刊，囑我每期寫幾首十行內的詩寄給他。如此幾期後，累積了約三四十首的八行詩。最近因有詩友邀約，擬往彼岸參加詩會。心想不如將這幾十首詩收集起來，出版一本迷你詩集，以攜往彼岸交流。但在編輯出版校對過程中，卻靈感大發。也為了讓這本迷你詩集更豐厚些，就努力創作。在整整約兩個多月時間內，我陷入創作「迷航」，上至天文地理，下至河嶽山川，生活日常，動物植物，無所不思，無所不想。

只要腦海中閃過一個名詞或主題，我就在腦海中尋思，是否可能將它創作成一首八行詩。就這樣有時一天可以寫三、五首，有時一天可寫七、八首。手中的八行詩量也從三四十首，增加至百首，一百五，兩百，兩百五，終於來到最完美的三百首。昔有人編《唐詩三百首》、《宋詞三百首》、《元曲三百首》，今有台客獨創《八行詩三百首》，也算古今相互輝映。一笑！

　　八行詩，又分兩段，每段四行。前段是破題，後段就要結尾，少了中間的承與轉，故不能囉嗦。每一行甚至每一個字，都要針對主題發揮。綜觀筆者所創作的這些八行詩，其模式大約可分以下三種，試說明之。

**一、前後段連貫式。**舉〈種詩的人〉一首說明之：

　　日日殷勤的播種
　　夜夜不停的抓害除蟲
　　年復一年
　　累積了太多疲勞

　　如今老矣
　　眼看詩筆都要拿不動
　　檢視行囊收穫稀疏
　　更難與永恆拔河

　　前段表述詩人一生幾十年為詩付出的辛勞；後段則
感嘆儘管如此，但不表示就會有多大成就或知名度。想
要博得永恆令名，更是難上加難。前後首尾兩段連貫，
直逼主題！

　　這種前後段連貫式的詩，在本書中最多，約佔十分
之七、八！

　　二、**前後段不連貫式**。即前後兩段論述不一，但又
　　　　不脫離主題。試舉〈金馬獎〉一首說明之：

　　電影界一年一度盛事
　　星光大道眾星雲集
　　贏者喜極而泣
　　輸者再接再勵

　　恭喜你中了金馬獎
　　得獎者面色悽悽
　　過鹹水到外島做苦力
　　整整兩年無法返台休息

前段實寫真正的金馬獎，後段則寫當兵抽籤抽到金

馬外島服役的「金馬獎」，相對成趣！

　　這種前後段反差式，約佔全書的五分之一。請讀者自行感受！

　　三、**題目與內容反差式**。舉〈苦竹〉一首說明之：

　　　　她們是一群
　　　　暫移異鄉的苦竹
　　　　有的名叫馬莉亞
　　　　有的名叫阮氏 X

　　　　在異鄉的角落
　　　　忍受各種風吹雨淋
　　　　熬過漫漫長夜的孤獨
　　　　只祈求明天會更好

　　題目雖是竹子，但其實只是一種暗喻，內容是針對人而寫。寫一群為生活打拼，不得不飄洋過海來台幫傭的東南亞移工！

　　這種題目與內容反差的作品，在全書中約有十來首。

　　全書中也有幾首是「結尾驚奇式」，舉例〈乞丐〉

這首：

> 閉目養神
> 坐在大馬路邊
> 那老者衣衫襤褸
> 身前擺了一個鋁缽
>
> 路上行人匆匆
> 無人看他一眼
> 突然鏗鏘一聲
> 啊！流浪狗啣來一根骨頭

　　這首詩前七行平淡無奇，但最後一行則造成驚奇反差，足以令人深思，詩意也因之噴出！

　　當然，全書中也還有其他無法歸類的寫法，就待您細心的閱讀體會了！總之，在創作本書的過程中，我覺得寫詩的態度，不只有嚴肅，或也可是輕鬆詼諧待之。至於寫得好不好，成功或失敗，就有賴您不吝的批評與指正了！

　　本書中 300 首詩，又粗分為六輯。這是為讓閱讀者更為方便。值得一提的，第六輯「瑜你同在」是專門為

高雄而寫。高雄也算是我的第二故鄉。四十多年前我曾在鳳山衛武營當兵兩年，退伍後又在高雄市戀愛結婚生子就業，整整混了三年後才舉家遷返新北市鶯歌老家！前後五年，對高雄有一份特殊感情。原本高雄在綠黨執政，默默無聞。去歲韓國一條魚驚醒夢中人，終於翻轉高雄，綠地變藍天。筆者於默默關心之餘，也不免感慨而以詩記之。希望這些詩對高雄有些助益！

**台客**　寫於鶯歌 2019.8.23

# 種 詩 的 人
## —— 八 行 詩 300 首

## 目 次

### 輯　二　世界采風

## 輯　四　大自然頌

## 輯　六　瑜你同在

左起曾心（泰國）、台客、傅天琳、邱吉收（日本）呂進、朴宰爾（韓國）葉延濱、張新全、黃亞洲。（攝於貴州省習水鎮望鄉台）

作者出席2014年重慶西南大學中國新詩所舉辦第四屆華文詩學名家國際論壇，與會眾多出席詩人合影於芙蓉洞。

# 輯 一
# 種詩的人(50首)

# 1. 種詩的人

日日殷勤的播種
夜夜不停的抓害除蟲
年復一年
累積了太多疲勞

如今老矣
眼看詩筆都要拿不動
檢視行囊收穫稀疏
更難與永恆拔河

# 2. 詩　集

薄薄的一本
厚厚的一冊
詩人苦心思慮
經年累月創作的成績

寄給風讀風兒興奮簌簌
寄給雨讀雨兒感動落淚
寄給人讀人說
啊啊！我看不懂

# 3. 葡萄園

結實纍纍了
美麗的葡萄園
農民們歡喜採收
一年一次的喜悅

在那個詩的葡萄園
我也曾經辛勤播種
流淚的收割
整整二十個春秋

# 4. 歷　史

一個時光的地底坑洞
好幽深好幽深
丟一顆石子下去
久久久久不見回音

持火把進入探險
遠方不時傳來
人馬雜沓竊竊私語聲
軍隊交戰凶凶喊殺聲

## 5. 地 理

帶你走出去
看看世界大不同
那些高高的山脈
那些浩浩的長河

從北極到南極
從冰封到火州
東北季風南下
西南氣流上旋

## 6. 三 國

一千八百多年前的往事
一段驚心動魄的歷史
國仇家恨家恨國仇
幾十年糾結不清

鬥智鬥力鬥勇鬥狠
空城計美人計詐降記
諸葛孔明借東風
司馬家族三國歸一統

# 7. 水　滸

官逼民反入草為寇
兄弟聚義大碗喝酒
那是一個官不官民不民的年代
那是一個專制腐敗的年代

三碗不過崗
是誰打殺了那隻老虎？
潯陽樓題反詩
是誰正在被千里追緝？

# 8. 西　遊

一段艱苦的西行旅程
四位師徒通力合作
天上神仙紛紛相助
地下妖精全力阻攔

孫行者大鬧天宮
卻逃不出如來佛的手掌心
豬八戒貪色被抓入盤絲洞
險些送入了蒸籠

# 9. 紅 樓

一個腐朽王朝
四個封建家族的興衰史
愛情悱惻纏綿
親情剪不斷理還亂

黛玉葬花
是否也埋葬了自己？
劉姥姥逛大觀園
遇見了什麼新奇？

# 10. 封 神

天上神仙亂鬥法
地上教徒施法術
人與神神與人的戰爭
命運掌握在冥冥手中

姜子牙釣魚離水三尺
他釣到了什麼？
紂王女媧廟戲題詩
他得到了什麼報應？

## 11. 鏡花緣

一位落魄書生
搭船前往海外遊歷
見識了很多奇珍異獸
體會了各種奇風異俗

無非是鏡花水月
絕對是超級想像
筆鋒超犀利
藉古以諷今

## 12. 聊　齋

一位落第書生
為排遣生活無聊
遂齋戒沐浴
寫起了誌異傳奇

有時是人鬼戀
有時是人狐情
種種狀況不一而足
姑妄言之姑妄聽之

# 13. 鄭和下西洋

六百年前的往事
那幾乎不可能的任務
而他做到了
且前後七次

航程幾萬里啊
太平洋印度洋
大海茫茫狂風巨浪
一葉扁舟在海中飄蕩

# 14. 名 嘴

刀切豆腐兩面光
一張嘴如利刃
黑的可以說成白的
白的可以說成黑的

這件事只有三人知道
一人尚未出生一人死了
電視中他們侃侃而談
無所不知無所不曉

# 15. 政　客

總是想著下一場選舉
總是想著如何出奧步
不計代價打敗對手
然後暗自得意裝無辜

像吸血鬼般他們一批批
騎在我們頭上吃香喝辣
國庫通黨庫通家庫
無視人民越來越瘦路有凍死骨

# 16. 血染的風采

血染的風采
微風中飄揚
多麼令人感動呀
我們舉手向它致最敬禮

雖然國祚艱難
您曾經暗淡了光芒
但只要吾等團結奮鬥
必定讓您再造榮光

## 17. 兩　岸

一道淺淺海峽
隔開了你我
一道窄窄海峽
劃分了界限

但隔不開的是
濃濃的血緣關係
無法劃分的是
媽祖關公的信仰

## 18. 扒　手

同樣是兩隻手
大部份人選擇努力工作
只有他們
選擇不勞而獲

東扒扒西扒扒
把別人的痛苦
當成自己的快樂
但快樂能樂多久？

## 19. 關公兄弟

關公兄弟
有情有義
為兄弟兩肋插刀
即使犧牲在所不惜

關公兄弟
無情無義
從背後向兄弟插刀
還自鳴洋洋得意

## 20. 金馬獎

電影界一年一度盛事
星光大道眾星雲集
贏者喜極而泣
輸者再接再勵

恭喜你中了金馬獎
得獎者面色悽悽
過鹹水到外島做苦力
整整兩年無法返台休息

## 21. 天　子

他是天的兒子
所以我們都該服從他
每日匍伏在他的腳下
任其驅使甚至生命

他是顛的兒子
殘暴不仁荒淫糜爛
我們再也不忍
用刀槍結束他的江山

## 22. 君在前哨

君在前哨
她最有名的一首歌曲
溫柔婉約的歌聲
穿透人心穿透鐵幕

何日君再來
她已離我們遠去
送你送到小城外
有句話兒要交待

## 23. 一道彩虹

一道彩虹
掛在天空
她喜歡戴帽子歌唱
帥氣的模樣深植人心

清越的歌聲令人著迷
站在這舞台掌聲響起來
如今她已化成風
歌聲仍在風中徘徊

## 24. 凌風高歌

凌風高歌
他最愛唱的這首
冬天裡的一把火
熊熊燃燒在我心窩

惱人的秋風啊
而如今他已遠去
野菊花野菊花
老闆來一碗泡菜

# 25. 加護病房

人進得去
未必出得來
即使出得來
恐怕亦無法完全

在加護病房
看一床床重病囚犯
被綁手綁腳臉掛氧氣罩
啊啊！人生不能重來

# 26. 都市大樓印象

像一個個的螞蟻窩
像一幢幢的鴿籠屋
悲哀啊！悲哀
從高空俯望

每天鴿子們
忙碌的進進出出
每天螞蟻們
辛勤的爬上爬下

# 27. 旅　行

跨出去跨出去
從內心深處激發
一股求知的渴望
世界多麼奇妙

一步即成天涯
地球此刻在我腳下
我是一隻不羈候鳥
隨時等待起飛

# 28. 收　攤

該收攤了
那人瞧瞧天色
廣場上夜幕低垂
原本喧囂人車漸已稀

幾十年前哇哇一聲啼
轉眼竟已迎來黃昏
趁著夕陽將落未落
且再樂活人生

## 29. 車　站

流進來，長長的人龍
流出去，長長的人龍
月台上，重逢的喜悅
月台外，離別的哀愁

南來北往，長長的列車
無日無夜，你要駛往何方
北往南來，時光的列車
轟隆駛過，消逝在地平線

## 30. 小　偷

他是一位小偷
闖空門
撬汽車
偷走我的財富

她也是一位小偷
以明眸皓齒
以長髮飄逸
偷走我的心

## 31. 人　生

路上滿是風雨
路上充滿泥濘
只能向前
無法後退

風雨來吧
我會逆風雨前進
泥濘來吧
我會把你踩成康莊

## 32. 愛　情

像一顆蜜蘋果
咬起來
酸酸甜甜的
咬了就不想放手

那些都已成風中記憶
如今的我齒牙動搖
悲哀得
咬不動它了

# 33. 小 詩

瘦瘦的體重
短短的身材
或許別人輕視
卻是我的最愛

愛人
我送妳一首小詩
愛人
或許妳就是一首小詩

# 34. 中秋節

月餅與柚子是必吃的
烤肉與火鍋是團圓的
到戶外賞賞月吧
月兒圓圓高掛天空

一個月兒兩樣情
每逢佳節倍思親
不管你身在地球何處
家才是最後夢土

# 35. 太陽花

有著太陽一樣美麗的花朵
太陽花站在花田裡
吸引無數人類前來
駐足觀賞拍照讚美

而可嘆呀可嘆
如今你竟成另一種貶意詞
只因一群投機暴力份子
用你的名搞禍國殃民之事

# 36. 無字碑

好一大塊立碑
卻沒刻半個字
令人好生詭異
到底是什麼意思

千思萬想
當年的她終於下決定
無言勝有言
寡人有難言之隱

# 37. 網 路

密密麻麻
遍佈千家萬戶
無遠弗屆
抵達地球任何角落

一個虛擬世界
多少人沉迷其中？
一個虛擬世界
幾人能逃脫其外？

# 38. 讀史偶感

那一隻叫戰爭的惡獸
為什麼老盤踞在
我們的史籍裡
揮之不去

揮之不去
那一聲聲絕望的吶喊
我們要活下去
我們已經活不下去

# 39. 盼

我以石塊擲向潭的銅鏡
它只回應我一聲冷笑
我以雷吼貫入山的耳鼓
它仍像坐化的老僧

而長空如海
何時有一隻白鴿的風帆飄過
即使是誤闖領空不速客
我也有一瞥飛鴻的驚喜

# 40. 送報人

天猶灰濛濛
大地尚未睜開眼睛
藉著星光，藉著幾分夜色
你們，是早起的鳥兒

騎著機車，載著厚重精神食糧
穿梭奔馳在每一條大街小巷
送走星星，送走月亮，送出一顆
光輝燦爛的東昇太陽

## 41. 退休感言

軛，終於卸下
那頭老牛
輕輕地噓了一口氣
仰頭望天

回首來時路
有時風雨有時晴
泥濘苦路都已踏過
夕陽無限好

## 42. 重返母校

重返母校
四十年時光悄流逝
母校還年輕
而我們已垂垂老矣

一群花甲歐G桑
校門口相見不相識
待仔細端詳才不禁驚呼
你是當年的某某某

# 43. 訪老友不遇

訪老友不遇
他們都已紛紛走入歷史
像暗夜中繁星，一顆顆
轉瞬，消逝了蹤影

您們，如今都還好嗎？
遙想，那些年那些事
老友請等等，或許
我們又將在天上重逢

# 44. 致白髮

一根又一根
在黝黑的森林裡
無預警的，你們
不停的冒出

生命尚未隆冬
你們卻已紛紛嘩變
一面面豎起的白旗
令人觸目驚心

## 45. 橫貫公路

從平地上高山
從高山下平地
彎彎曲曲盤盤旋旋
這一趟足足百餘公里

當年憑著一把十字鎬
一雙萬能的手
他們和大山苦苦奮鬥
敬禮，一群永不退役的老兵

## 46. 照妖鏡

一副人模人樣
看似行善積德
卻是滿肚子壞水
臨老馬腳愈露

他是何方老妖
有請照妖鏡一照
原來是大烏龜一隻
姓王排名第八

## 47. 寂　寞

寂寞是一頭小獸
黃昏時牠走入
我的體內
讓我感覺無依徬徨

寂寞是一位女子
夜晚時她進入
我的夢中
讓我暫時止住悲傷

## 48. 洪　流

在眾人沉悶的午後
突然晴天霹靂
一股洪流沛沛然
流向南方而去

那是綠得出汁的南方
但她毫不畏懼
小辣椒大姊頭
且看藍軍這根擎天柱

# 49. 核彈詩

專攻不法
專打不平
核詩既出
誰與爭鋒？

直逼敵人心臟
完爆一切不公不義
誓言戰鬥到底
不信人間公理喚不回

# 50. 詐騙集團

用恐嚇威脅使人害怕
用甜言蜜語致人上當
國內騙無可騙
轉進海外再擴機房

有些人騙得大筆金錢
肆意揮霍終於銀鐺入獄
有些人騙了國家機器
尚在製造仇恨作威作福

作者（左三）訪香港與香港詩人合影，左起春華、
張繼征、蔡麗雙、怡凡、向壘、李遠榮。

中國詩歌藝術學會王祿松會長（前排中）率領，前往
北京交流訪問，部分團員與大陸詩人薩仁圖婭（後排
右一）、李奇（後排左二）等合影。

# 輯 二
# 世界采風（55首）

# 1. 以色列

流浪千年的民族
全民皆兵的國家
沙漠中創造奇蹟
耶路撒冷最神奇

走訪加利利海
尋訪耶穌當年的神跡
到哭牆去聽一聽
隱隱傳來歷史的回聲

# 2. 埃　及

神秘是你的代名詞
金字塔是你的標幟
一條尼羅河湍湍流過
蘊育出五千年的生機

搭火車及遊輪拜訪埃及
看一處處傾毀的古神廟
似乎正在訴說
一段段的千年興衰史

# 3. 印　度

古東方的神祕王國
釋迦牟尼佛的故鄉
一條恆河貫穿北部
養育了多少嗷嗷待哺人口

全國人民大部分信佛
對牛特別寬厚
放任牛兒逛大街
甚至在鐵道上遊走

# 4. 斯里蘭卡

印度洋上一島國
古名錫蘭
一個佛教國家
人民純樸而友善

佛牙寺香花供佛
茶山小住清爽喝紅茶
印度洋畔賞夕陽
獅子岩且爬爬

# 5. 越 南

狹長千里的國土
形態各異的民俗
北方人強悍
南方人溫柔

下龍灣最神奇
美麗的海上桂林風景
順化是古都
猶如來到迷你中國城

# 6. 澳 洲

南太平洋最大島國
袋鼠比人還多的國家
艾爾斯岩令人驚奇
黃金海岸最美麗

最難忘雪梨郊外藍山上
三姊妹岩的風采
最回憶墨爾本海岸
夜探企鵝大海返家

# 7. 中　國

你的國土是如此廣大
你的人口是如此眾多
你自認居萬國之中央
自古即以老大哥自居

黃河與長江
兩條永生的脈管
為你孕育出中華文明
輝煌而燦爛舉世聞名

# 8. 梵蒂岡

世界上最小的國家
算算它的領土
零點四四平方公里
僅僅那麼巴掌大

世界上人口最多的國家
算算它統領的天主教徒
約十幾億
占全世界人口六分之一

# 9. 日　本

以太陽為國旗的國家
女生愛穿和服的民族
人民謙恭有禮
見到人就打躬作揖

但怎能忘記
它的鐵蹄曾伸進不少鄰國
踩死了成千上萬無辜
那些刺刀猶閃亮在時空記憶

# 10. 韓　國

北緯 38 度線
是一把鋼刀
把你切成兩半
一個在北一個在南

幾十年了
爭爭吵吵
打打鬧鬧
何時才能重修舊好？

# 11. 美　國

以星條為旗的國家
以老鷹為代表的民族
自許為地球老大
老愛扮演世界警察

從亞洲管到歐洲
從歐洲管到非洲
有時在別人前門開砲
有時在別人後院放火

# 12. 加拿大

以楓葉為國徽的國家
處處冰雪覆蓋
土地面積大得嚇人
人口卻少得不成比例

縱貫南北的洛磯山脈
處處冰川冰湖冰美麗
溫哥華西部大城
氣候宜人旅遊聖地

# 13. 新加坡

你的土地面積那麼小
小得地圖上幾乎找不到
你的知名度那麼高
高到幾乎全世界都知曉

你又名獅城
但其實你那兒沒產獅子
但魚尾獅倒有一隻
日日在海邊噴著海水

# 14. 俄　國

你的國土那麼大
橫跨歐亞
北極熊是你的特產
也是你的代號

我曾到過莫斯科
見過紅場教堂的洋蔥頭
還曾到過聖彼得堡
舊名叫做列寧格勒

# 15. 瑞　士

鐘錶業最發達的國家
永久中立的國家
雖沒瀕臨海洋
卻有無數高山河川和冰湖

冰河列車視野遼闊
馬特洪峰巍巍高聳
少女峰上尋少女
琉森湖中盪小舟

# 16. 土耳其

你的領土橫跨歐亞
你瀕臨美麗的
博斯普魯斯海峽
達達尼爾海峽

我曾到過特洛伊
感受當年的木馬屠城記
也曾抵達卡帕多細亞
乘高空汽球俯瞰煙囪景區

# 17. 寮 國

湄公河向南浩浩奔流
數不完石灰岩山丘與湖泊
東南亞唯一不靠海國家
人民虔誠禮佛

石壺平原最奇特
數千個大小石壺從何而來？
龍邦坡，古王朝歷代首都
東西方風格混和的城市

# 18. 柬埔寨

你的舊名叫高棉
曾被一群魔鬼統治
他們坑殺了幾百萬生靈
白骨纍纍至今見證

湄公河在哭泣
洞裡薩湖塞滿了屍體
金邊也暗淡了光芒
吳哥窟神靈不斷叫屈

## 19. 冰　島

冰與火在此交會
火山熔岩地熱噴泉
峽灣瀑布
一個神奇的國度

火與冰在此碰撞
冰川冰河冰湖
斷層瀑布峭壁峽谷
怎麼看也不滿足

## 20. 荷　蘭

和大海搶地
曾經大風車林立
如今成為一道道懷舊風情
吸引萬千遊客前來朝聖

庫肯霍夫花園最神奇
各色鬱金香開滿地
開車經過北海長堤
海風長長為我唱一曲

# 21. 南北極

氣候極度嚴寒
冰天雪地不適人居
但經常有不死心人類
搭船前往旅遊探險

那裡是動物的世界
企鵝、海豹、北極熊
還有成千上萬鳥類
牠們以此為家令人驚訝

# 22. 香　港

英國人來了
英國人走了
一個落後小漁村
一個繁華大城市

太平山上往下望
維多麗亞港多繁忙
金紫荊廣場走一回
天壇大佛照個像

## 23. 澳　門

葡萄牙人登陸過
四百年後撤走
賭博最興盛
賽馬也有名

大三巴牌坊
猶在訴說當年火焚之慟
媽閣廟裡人潮洶湧
一縷馨香拜請天妃保佑

## 24. 羅馬鬥獸場

有多少奴隸
有多少野獸
在這裡被迫的
殘忍走向死亡？

這是羅馬人的羞恥？
還是他們的驕傲？
歷史是一面鏡子
照見古今人心的醜陋

## 25. 天空之城

隱藏在雲霧中
迷一樣的城市
巨石如何切割搬運
為何要蓋在雲端上？

歷經多少世紀的滄桑
馬丘，如今已成觀光聖地
在南美安地斯山脈
驕傲的悲哀的佇立

## 26. 毛伊巨石像

你們一尊尊
轟立在復活節島海邊
到底多少年了
海風吹了又吹海水漲了又退

是誰用什麼方法雕鑿
又是如何搬運
每尊重達幾十噸的身軀
頭痛啊至今仍是個迷

# 27. 自由女神像

高舉著火把
站立在哈德遜河口
風中她似在聲聲呼喊
自由平等博愛

整整一百多年了
風兒吹走她的吶喊
雨兒淋濕她的理想
海鷗安心在她腳下築巢

# 28. 方尖碑

一根四方型石柱
足足有一兩百公尺高
豎立在神殿之旁
以昭顯某某大帝功勞

我仔細一瞧再瞧
卻發現碑上血淚飄飄
成千上萬柱死奴隸
正抱在碑上哭號

# 29. 金字塔

地球上的一大奇蹟
到底是如何修砌
專家學者議論紛紛
千百年來迄無定論

而我可以想像
驅使那麼多的奴隸
耗費那麼多的資源
只為了滿足王之死所

# 30. 聖母峰

高不可攀啊
海拔八千多公尺
山路風雪層層險阻
氣壓低了又低

但仍有那麼多人
不畏艱難接受挑戰
除了登頂一刻的自豪
賭上生命何苦來哉？

# 31. 青康藏

好廣好大的紅土地
好神好奇的高原野
成群動物在那兒覓食
牧民們高聲唱著山歌

一條鐵路烽烽火火修築
打穿了一處一處山洞
跨越過永凍土
巨龍巨龍來到我家鄉

# 32. 兵馬俑

忠心耿耿
在地下守衛了兩千年
是誰將我們挖出
破壞我們的任務

同志們拔劍
和眼前敵人決一死戰
啊！怎麼劍已殘
人也搖搖欲墜

# 33. 懸空寺

你懸在那裡
一座山的峭壁上
到底多少年了
歷經無數風雨的侵襲

只憑著幾根柱子支撐
看似危如纍卵
卻堅如磐石
贊嘆啊！先人智慧

# 34. 長　城

一道長長的樊籬
彎曲綿延幾千公里
隔開不了有翼飛鳥
阻絕了地上奔波百姓

贊嘆吧同情吧
千百年來為它犧牲奉獻的人民
譴責吧咒罵吧
那些一再發動戰爭的梟雄暴君

# 35. 大明湖畔的垂柳

一位位穿青綠色衣裳的女子
她們靜靜站立在湖邊
一年兩年十年百年
站成了一身婷婷玉立

她們把長長的髮絲
柔柔地探向湖邊
是享受著湖水的清涼？
是陶醉於明湖的夕陽？

# 36. 張家界的山

一尊一尊
是天上神聖？是人間怪物？
一座一座
是閣樓寶塔？是古屋仙都？

連綿聳峙如千軍萬馬
層巒疊翠不似人間景致
造物主以億萬年時光
創造出這一座夢幻花園

# 37. 長江斷想

綿綿延延幾千公裡
你像一條長長索鍊
奔騰浩瀚無止無休
你像一條飛天巨龍

我是遠來的彼岸同胞
為你歡呼為你歌頌
我要寫一首小詩送你
表揚你哺育之功

# 38. 壺口瀑布

奔騰了幾千公里
那條黃色巨龍
終於由溫馴轉為狂放
「轟」的大吼一聲

群水嘩然撲天蓋地
從四面八方紛紛
往同一個方向
衝————

# 39. 桂林山水

哪來那麼多的山
哪來那麼美的巒
一座座小巧玲瓏，散佈在
這個桂花成林的城市

還有灕灕一條江
清澈透底悠悠長流
鸕鶿在此捕魚獻藝
劉三姐印象著大型歌舞劇

# 40. 香山碧雲寺

一座小小的寺院
卻因一位人物而大大有名
兩岸重要政界學者人士
紛紛前來獻花頂禮致敬

偉大的先行者呀
國父孫中山先生
當年即使病危仍心繫國政
「革命尚未成功，同志仍須努力」

# 41. 美麗島

太平洋火山爆發
幾千年後隆起一座島
荷蘭人搭船經過驚呼：
「啊！美麗島，美麗島」

它有巍峨聳峙的高山
它有一望無際的平原
人民胼手胝足努力
墾山拓海不分芋頭蕃薯

# 42. 阿里山

那裡的杉檜每根都挺直
那裡的櫻花開得好茂盛
那裡還有兩口姊妹潭
流傳著一段淒美愛情故事

走在阿里山
深深吸著空氣中的芬多精
走在阿里山
相偕搭小火車去看日出

# 43. 日月潭

一池碧綠的潭水
水面上遊艇來來回回
滿載遊客的歡樂
滿載拉魯島祖靈的祝福

順便買買阿婆的茶葉蛋
聽聽原住民跳舞唱情歌
玄光寺玄奘大師仍在苦修
關帝廟暮鼓晨鐘警醒世人

# 44. 嘉明湖

天使的眼淚
月亮的鏡子
身處海拔三千多公尺高山
難窺妳美麗身影

寒風刺骨，一個
初夏的清晨
歷經千辛萬苦，我終於
見到了妳的芳容

# 45. 澎 湖

你又名菊島
夏季天人菊開滿地
你最好吃的是仙人掌冰
口感綿密絕對有機

跨海大橋吹吹海風
桶盤嶼玄武岩柱歡呼
再搭船到七美
見證雙心石滬的愛情

# 46. 金 門

一座金色大門
巍巍矗立在大海上
鄭成功曾駐守
歷史上無數英雄競折腰

那一場激烈的砲戰
讓它瞬間馳名中外
毋忘在莒啊古寧頭
生銹的大砲閒閒說

# 47. 馬　祖

默娘在海上遇難
屍身飄流到島上
你因此得名，閩江口外
美麗的四鄉五島

南竿北竿山勢陡峭
莒光鄉燈塔懸照
東引西引以陸橋相連
看島外巨浪滔天

# 48. 蘇花道上

海以無止盡的蔚藍
淹沒我
山以巍巍的崇高
壓迫我

盤旋在曲折起伏的
蘇花道上
一隻海鷗驚呼而起
斜斜略過萬丈深崖

# 49. 花 東

可觀賞太平洋的壯麗
可感受中央山脈的崇高
綠油油肥滋滋一塊美地
孕育稻米水果等的糧倉

來去花東吧
太魯閣古道走走
金針花海逛逛
泡泡溫泉嚐嚐美食

# 50. 女王頭

大自然的雕刻師
以風和雨兩隻雕刀
千萬年時光雕琢
終於成就今日的妳

在野柳海邊
妳堅定的佇立
海風仍呼呼的吹
觀光客來了又去

# 51. 太魯閣

中橫的東段
梨山下花蓮
一條驚險的山路
九曲迴腸驚心動魄的旅程

燕子口最驚奇
長春祠兩道瀑布永不息
碧綠神木瞧一瞧
再到布洛灣遊憩區

# 52. 烏　來

泡溫泉時想到你
賞瀑布時想到你
搭台車纜車時想到你
還有還有春來滿山櫻花開

遊玩了美景
就到烏來一條街逛逛
吃吃原住民美食
買買原住民飾物

# 53. 碧　潭

有著一泓碧綠的潭水
水面上天鵝船歡聲笑語
另有半座青山隱隱
以及一顆龐然的巨石

一條吊橋如彩虹
危危懸掛半空中
當年我倆曾來此共遊
甜蜜往事難回味

# 54. 一○一

曾經世界上最高
台北市的地標
造型端莊典雅
台灣人的驕傲

你又像百變的魔術師
跨年一到
你發射出無數璀璨煙火
把台北染成不夜城

## 55. 龜山島

一隻龐然的烏龜
日夜在蘭陽平原外海遨游
游了千百年
仍然不願上岸

但你不會寂寞
春夏天有鯨豚陪你玩耍
秋冬有鳥兒在你身上歡歌
各種花朵也盛開祝福

作者贈國畫給西南大學新詩所，
由所長呂進代表接受。

# 輯 三
# 動物植物（50首）

# 1. 鄉間麻雀

牠們是優雅詩人
每天站立高枝
不停鳴唱著
一曲曲天籟之音

牠們是辛勤農夫
天微明即起
田野間四處奔忙
為了全家的溫飽

# 2. 神豬告白

感謝您們
供我美食
賜我良屋
讓我無憂無慮成長

感恩您們
幫我剖肚
給我剃毛
讓我贊頌神明

# 3. 壁　虎

躲在陰暗角落
那隻獨行俠嘎嘎嘎
突然心血來潮
大叫了幾聲

這些南方的小傢伙
飛簷走壁噬蛾吞蚊
身子雖很小
輕功卻是一把罩

# 4. 晨　鳥

牠們總是最先醒來
天尚灰濛濛的
牠們早已在林蔭枝頭
嘰嘰喳喳著

相互問候同伴
然後伸展羽翼
飛向遼闊的天空
展開一日美好的生活

# 5. 熊 貓

感謝贊美造物主
塑造出這麼可愛的動物
全身黑白分明
走起路來憨態可掬

牠們無力保護自己
只能任人擺布
每天在園區裡茶來伸手
飯來張口不竹來張口

# 6. 恐 龍

你們曾是地球霸主
最後竟消逝無蹤
只剩下一堆化石
供考古學界大傷腦筋

但你們並未真正消逝
書籍電視電影你們紛紛現蹤
或許哪日你們重返地球
人類該歡迎還是砲轟？

# 7. 小 強

是誰幫你取了這個外號
小強小強宇宙最強
據說你生存在地球上
已有上億年歷史

不管任何惡劣環境
不論面對任何挑戰
你們都有辦法生存
小強小強值得贊揚

# 8. 椰子樹

高高的站立在路旁
忠心的守護於南方
這些長腿帥哥
微風中親切向人招手

走累了嗎？渴了嗎？
來來來，人客
到我的頂樓去
那兒有津液的解渴

# 9. 藤蔓植物

身體雖然最柔弱
卻也最善於攀爬
它們悄悄爬上矮小植株
乘風再躍上高高的樹頂

樹頂上實在好風光
微風徐徐陽光普照
它們趕緊在枝頂蔓延
為綠樹披上繽紛彩帶

# 10. 白鷺鷥

覓食於田野間
捕魚在池塘邊
一群辛勤的白衫客
總是日出而作日入而息

牠們是群居動物
傍晚就飛回樹林家中休息
彼此相互關心問候探詢
直到夜幕完全籠罩大地

## 11. 除　草

用雙腳深深的
跪在水田裡
農夫們冒著酷暑
為成長的秧苗除草

用兩眼緊盯
暗夜的燈光中不眠
詩人們也在詩田裡
為詩的秧苗除草

## 12. 魚市場有思

有些已經死亡
仍圓睜著大眼
有些尚存一息
被困在淺水裡掙扎

在無垠的大海裡
牠們曾無憂無慮生活
可恨人類貪婪羅網
可憐牠們身陷絕境

# 13. 鼠 輩

只敢躲在黑暗處
只敢藏在地洞裡
這些卑鄙的傢伙
真令人討厭

又是夜黑風高
牠們正四處橫行
快拿出捕鼠籠
一隻隻關好關滿

# 14. 行道樹

不管春夏秋冬
無視嚴寒酷暑
盡職站立道路兩旁
一群忠誠的綠衛兵

車輛飛馳而過
行人腳步匆匆
無人注意它們的存在
恆不以為意默默守護

# 15. 苦　竹

她們是一群
暫移異鄉的苦竹
有的名叫馬莉亞
有的名叫阮氏 X

在異鄉的角落
忍受各種風吹雨淋
熬過漫漫長夜的孤獨
只祈求明天會更好

# 16. 牽牛花

它們是攀爬的高手
爬上隔離的柵欄或圍牆
爬到高高的樹上
爬上電線桿頂去看藍天

它們還沿途撒下驚喜
撒下一朵朵的美麗
紫色的花兒四處掛滿
宣布春天到來的消息

# 17. 白頭翁

不是八十歲老公公
是一位鳥界美少年
穿一身青綠衣裳
四處蹦跳飛上飛下

牠是歌唱高手
經常在枝頭高歌一曲
牠還是吟遊詩人
到處散佈愛與歡樂

# 18. 野　草

最卑賤的是我
最無用的是我
最難纏的也是我
放一把火燒了我吧

用手拔用刀割用鏟除
用盡一切可用的手段
春風又吹大雨過後
我還是把你們淹沒

## 19. 動物園

人類的大幸啊
可以在短時間內
看盡來自全世界
各種稀奇古怪的動物

動物界的大不幸啊
看牠們一隻隻病懨懨的
困在囚籠裡踱步
有的已罹患嚴重憂鬱症

## 20. 果　樹

直挺挺站立
每天吸收風霜雨露
等到季節一到
結滿樹果實宴請賓客

感謝您啊果樹
一面吃著甜美果實
我一面拜著樹頭
人，一定不能忘本

# 21. 浮 萍

在水面上飄
在水面上搖
一陣風來一場雨來
把你們沖向何方

在水面上生
在水面上長
他們一生居住水上
水，就是他們的故鄉

# 22. 老 虎

牠是一隻老虎
在山林裡稱王
哪隻動物見了牠不顫抖
趕緊溜之大吉

她也是一隻老虎
在家庭中稱霸
老公子女見了她誰不怕
默默走離無言抗議

# 23. 兔

身體雖然柔弱
卻善於奔跑躲藏
牠地底的家有三個出口
以防敵人闖入迅速逃躲

那位佳人住我家隔壁
為了怕人批評
我遲遲不敢展開行動追求
唉唉！我也是兔子一隻

# 24. 馬

長得又高又壯
那匹馬兒由於脾氣溫馴
人們就大膽的
騎上了牠的背

生得高大偉健
那人因個性十分善良
人們就得寸進尺的
有機會就欺負他

# 25. 狼

生長在森林裡草原上
一群狡猾的傢伙
經常成群結隊
伺機攻擊獵殺動物

遊走在暗黑社會中
有機會就衝出來
四處橫行做不法之事
他們是披著羊皮的狼

# 26. 寄生蟲

可惡的這些小蟲
寄生在我的體內
日日吸我的血
害我不斷不斷消瘦

可恨的那些米蟲
寄生在政府機構
日日吸食民脂民膏
害這個國家越來越窮

# 27. 盆　栽

感謝主人
賜我這一方小小土地
我會努力生長
不辜負您的栽培

只要每日定時
給我一點點水
再加些陽光雨露，您看
我枝頭的花笑得多燦爛

# 28. 裂縫中的小花

只要給我一絲縫隙
只要下一點小雨
我就能艱困的發芽
辛苦的長大

然後開出一朵朵小花
迎向陽光
迎向藍天
迎向滿臉訝異的你

# 29. 鱷 魚

最不像魚的魚
最凶險殘忍的動物
長期待在水裡
偶爾也上岸逛大街

它們就像恐怖分子
躲在水中攻擊獵物
它們是冷血動物
偶爾也流下鱷魚的眼淚

# 30. 蝸 牛

每逢雨後
牠們就出來散步
揹著殼緩緩
緩緩慢慢的走路

每當蕭條
他們就憤憤然聚集
露宿在大馬路
抗議高價無力購屋

# 31. 雞　鴨

兩者皆是家禽
以前農村常見
如今想要見它們
菜市場上屍首不全

歷史上祖逖聞雞起舞
武則天牝雞司晨
政治人物鴨子滑水
啊！你真是雞同鴨講

# 32. 螢火蟲

火金姑火金姑
趕緊來照路
在山巔在水湄
看牠們一閃一閃多神奇

古時有鑿壁偷光
也有螢火借燈的故事
想想今人的便利
為古人悽悽嘆息

# 33. 蚊 子

一架小小直升機
趁著夜色偷襲
牠嗡嗡小聲降落
敵人不設防的平原

牠展開攻擊
用尖嘴的利鑽
刺進敵人油管
偷取珍貴油的寶料

# 34. 蒼 蠅

最會死纏爛打的傢伙
老盤桓在我左右
揮之不去
打之不著

只好拿出拍之神器
小心翼翼摒息以待
牠似已察覺
早溜之大吉

# 35. 龜

身上揹著重重的殼
走起路來一擺一擺
遇到敵人也不怕
頂多做個縮頭烏龜

但若遁入水裡
牠可就身手矯捷
龜是長壽動物
祝大家龜鶴延年

# 36. 禿　鷹

伸展長長的翅膀
磨礪銳利的爪子
禿鷹站在高高峭岩上
準備俯衝獵取可口小動物

躲在社會的黑暗角落
兩眼犀利瞄準獵物
伺機攫取各自的利益
他們也是一群禿鷹

# 37. 狗

無論貧富
不分貴賤
始終對主人忠心不二
只要你能善待牠

狗是人類最好的朋友
這話說得不錯
現代年輕人很多不願生育
寧可養幾隻狗兒子

# 38. 蜘　蛛

黃昏來臨時
牠們就忙碌的吐絲
織一張張天羅地網
捕捉蟲類當晚餐

她們也是一群
成精的蜘蛛
用媚力與謊言捕捉異性
再把他們逐一吞噬殆盡

# 39. 豬

你的一生真可憐
被關在骯髒的牢籠裡
整天就是吃吃吃
鎮日就是睡睡睡

看不出來嗎？
那些不安好心的人類
就是把你養得肥滋滋
然後送你上斷頭台

# 40. 螞　蟻

你們是那麼小
小得大家忽視你們的存在
你們是那麼大
螞蟻雄軍出動連大象也怕

小小螞蟻給我們什麼啓示
團結力量大
人人都知道的道理
但現實上很難做到

# 41. 牛

你的身軀那麼大
你的力氣更不得了
但你那麼溫馴，小孩子
一條繩子就把你牽走

你也有發脾氣時
當人類惹怒了你
你誓死不從抵抗到底
唉！牛牽到北京還是牛

# 42. 龍

來無影去無蹤
你的出現只存在於
虛幻的電影漫畫裡
人類的想像中

中國人最崇拜你
自稱為龍的傳人
李哪吒最神勇
揮動乾坤圈打死一條龍

# 43. 烏　鴉

穿一身黑衣
有事沒事天空出沒
站在枝頭嘎嘎嘎
破破的大叫幾聲

古代的人討厭烏鴉
尤其出遠門或逢喜事時
你真是烏鴉嘴
啊！烏鴉又受到了拖累

# 44. 山老鼠

不是老鼠
但比老鼠還利害
他們專門偷盜珍木
用電鋸凌遲千年古樹

不是老鼠
但比老鼠還可惡
把他們關到死
但千年古樹也難再恢復

# 45. 樹

從一棵小小苗開始
你就只能立在那裡
努力的生長適應環境
沒有選擇的權利

十年廿年後
你長成大樹綠蔭遮天
百年千年後
人們掛上紅布條尊你為神

# 46. 蛇

上帝創造的壞東西
引誘亞當與夏娃吃了禁果
上帝震怒，終於
把他們驅逐出伊甸園

蛇有時在水中或地上游走
有時也爬到樹上打獵
人心不足蛇吞象
做事千萬別虎頭蛇尾

# 47. 竹

代表節節高升
代表清新脫俗
自古文人雅士
最喜愛的一種植物

「無肉令人瘦，
無竹令人俗！」
啊啊！是哪位詩人
又在南窗吟唱這首詩

# 48. 狐　狸

草原中的禍害
生性多疑
專門欺負小動物
遇見獅虎則遠遠避之

他也是一隻狐狸
最新獲得某人認證
狐假虎威與虎謀皮
下場可想而之

# 49. 看門狗

牠是一隻看門狗
齜牙咧嘴
見人就吠
博得主人的贊賞

它也是一隻看門狗
幫主人狂吠對手
山姆主人有時丟點飼料
還要不停叩頭

# 50. 蛆

蒼蠅的幼蟲
軟軟白白的軀體
在糞坑周圍不停蠕動
噁心的傢伙

一旦進化通體墨綠
則大顯神通
各個據點占滿占好
每隻吃得腦滿腸肥

葡萄園詩刊同仁訪大陸時合影
左起金筑、文曉村、金筑夫人、作者、賴益成

葡萄園詩社組團訪問鄭州大學文學院，與該院教授等合
影。（前排左一秦嶽、右一孟彩虹、右二晶晶，後排左二
台客、右一劉福智）

# 輯　四

## 大自然頌(50首)

# 1. 地 球

這個球好重好重
重得誰也拿不起
重得誰也拍不動
但它卻浮在太空中

我們日日生活其上
為它讚嘆為它歌頌
一代一代又一代
百年千年萬萬年

# 2. 地 震

大地抽搐顫抖
房屋癱軟傾跌
人們逃無可逃
世界突然變了調

啊啊啊，老天爺
原來您也會生氣
遠方濃煙密布
沉睡火山也爆發了

# 3. 久 旱

草木們都低垂著頭
無精打采奄奄一息
河床早已乾涸
魚蝦蟹將不見蹤跡

老天來點雨吧
望著乾渴土地小民祈求
東海龍王偏偏酣睡
是否有請玉帝懲處？

# 4. 奇 石

你們一顆顆
長得都很奇怪
有的漏有的透
有的瘦有的皺

漏，漏得很詩意
透，透得很性格
瘦，瘦得惹人憐
皺，皺得讓人愛

# 5. 隕　石

有人說，它是
來自外太空的殺手
因為它挾帶著可怕焰火
像超級砲彈攻擊地球

而我說，它是
我們地球的貴客
那麼多粉絲想目睹擁有它
博物館紛紛請它當座上賓

# 6. 法　雨

一場法雨，沛沛然
灑向人間
灑向每張
孺慕者的臉龐

久蟄的心花開了
一朵兩朵千朵萬朵
千萬朵心花開在蓮池中
盡情享受著法雨的滋潤

# 7. 池　塘

嵌入地底的
一面晶瑩的鏡子
有波光瀲灩
綠竹掩映的早晨

有天雨乍晴
釣者執竿的午後
也有四野俱寂
翠鳥飛掠覓食的黃昏

# 8. 煙　火

我的生命就是往上衝
衝入最深最冷的夜空
然後爆炸，黑暗中
爆一朵朵希望之火花

即使是短暫的燦爛
我也不後悔
即使摔得粉身碎骨
我也不流淚

# 9. 南　方

南方的天空是蔚藍的
南方的草原是無垠綠的
南方的椰子樹好挺拔
芒果樹正忙著懷孕生產

六月的南方
空氣中處處聞得到芒果香
還有香蕉鳳梨龍眼火龍果
爭相搶著向世人亮相

# 10. 及時雨

淅淅瀝瀝劈劈趴趴
及時雨下在高山
下在平原下在湖泊
下在每一處土地的乾渴

躲在地底下
原本奄奄一息的根們
紛紛以一枝枝青綠
自地底下嘩動竄出

## 11. 魚　池

鑲嵌在嘉南大平原上
一面面波光瀲灩的明鏡
時時有飛鳥光臨
成群覓食嬉戲追逐著

虱目魚越長越肥了
巡視的老農心情
像池中那嘩嘩的打水聲
越來越有勁

## 12. 彩　虹

在雨後的天空上
是誰架起一座七色橋
它究竟有多寬多長
沒有人知道

我要登上橋去
拜訪橋上的仙女
聽她們鶯聲燕語
和她們旋舞一曲

# 13. 泥　土

任人踐踏任人蹂躪
您恆默默
只要對您有一絲善意
您恆報答以鮮花或果實

母親般的泥土呀
百年之後
我們都將躺入您的懷裡
默默安息

# 14. 颱　風

從太平洋遠方海面
丟過來一顆超旋棒球
直衝台灣本島而來
嚇得人人惴惴不安

有時它會中途轉彎
好球變成擦棒界外球
有時它正中目標
人民避無可避逃無可逃

# 15. 山

一座又一座
連連又綿綿
山是凝固的波浪
峰峰相連到天邊

它是如此的高聳偉岸
它是多麼的神秘危險
很多人想征服山
最後都倒在山裡

# 16. 海

海的心胸最遼闊
海的笑聲最爽朗
海的肚子可容納百川
它歡迎萬水前來相會

海是無數魚類的故鄉
海歡迎船來串門子
海平常是和藹可親
但生氣起來就令人受不了

# 17. 河

蜿蜿蜒蜒曲曲折折
從高山到平地到海洋
有時它穿行走過鄉村
有時又貫穿一座城市

河的面貌是多變的
河的寶藏是豐富的
它平時允許你下去掏寶
盛怒時又會搶走你的家產

# 18. 湖

平坦的大地上
高高的山凹裡
湖是一面面明鏡
映照著藍天白雲的美景

飛鳥成群來此覓食
大批野獸來此解渴
湖還任魚兒在裡面暢游
舒適快樂的繁衍成長

# 19. 火　山

有些早已死了
有些卻仍活著
每隔幾十年幾百年
它爆發的威力十分驚人

那兒也有一座火山
存在於人類社會
一般人不輕易接近
但有些「孝子」偏不信邪

# 20. 九二一

轉眼已過了二十個年頭
誰還記得誰還記得
當年的那一刻
天堂跌入地獄那瞬間

房屋顫抖大樓起火
人們逃無可逃
幾千條無辜生命
淒風苦雨中找不到出路

# 21. 風

看不到摸不到
但它確實存在
存在於我們周圍
當我們感覺涼爽

微風吹拂我舒服
強風猛吹我討厭
至於颱風來襲
啊我看，能免就免

# 22. 雨

從天而降
滋潤著萬物
雨是珍貴的
所有生物都歡迎它

可是有時候它
一直下一直下
水滿為患人們不免感嘆：
雨，你哪ㄟ落未停

# 23. 路　燈

不管寒冬
無論酷暑
一年四季站在路邊
每逢黑暗就睜開眼睛

看著行人匆匆走過
看著各種小動物窸窸窣窣
直到天亮
才閉眼休息

# 24. 橋

溝通兩岸
交流人心
不管是有形無形
皆需要橋

船到橋頭自然直
有什麼好擔心？
銅雀台上鎖二喬
啊！此喬非彼橋

## 25. 牆

隔開了你我
堵住了交流
牆是障礙
不管有形或無形

推倒心中那座高牆
是哪位先知在大聲高喊？
小心隔牆有耳
兄弟切莫鬩牆

## 26. 槍

是誰發明了這項武器
小小手指一動致人於死
多麼可怕
多麼令人無法接受

還是在家裡玩玩小手槍
自娛又不妨礙別人
千萬別去試場當槍手
抓到就要坐牢

# 27. 砲

比槍更具威力
射程更遠距離
可以炸掉一個陣地
可以摧毀一座城池

砲聲隆隆
那是某位民代在質詢
砲火四射
那是某公在做激烈發言

# 28. 傘

下雨了
趕快撐起雨傘
走在雨中
涼快舒服

下雨了
趕快收起雨傘
是哪家銀行
這麼缺德

# 29. 教　堂

靈魂懺悔的地方
可以更接近主的地方
吟唱聖詩吧！滿滿感動
哈里路亞哈里路亞

靈魂告解的地方
無私奉獻的地方
信者恆信，不信者不得永生
哈里路亞哈里路亞

# 30. 宮　廟

金壁輝煌的建築
神聖莊嚴的殿堂
非人居所
天上佛祖神仙供奉

香煙裊裊擲筊聲不斷
頌經祈福阿彌陀佛聲不停
媽祖庇佑帝君加持
闔家平安無災無難

# 31. 電線桿

一根接著一根
在公路兩旁
排成一列風景
綿綿延延到遠方

它們用線的密碼
傳遞愛的電流
到山邊水湄
到千家萬戶

# 32. 黃　昏

走了一天辛苦旅程
太陽終於也累了
躲到山後休息
放出滿天燦爛的紅霞

微風徐徐吹來
此時漫步小徑十分舒服
啊！黃昏雖好轉眼即逝
是哪位老者感嘆的說

# 33. 落　葉

落葉紛紛
紛紛飄落於大地
任風吹襲
任雨淋濕

它們不怨天不尤人
只靜靜等待羽化
化為春泥化為養份
哺育明年早春的嫩葉

# 34. 燈　塔

站立於島的最高處
默默忍受著海風的吹襲
海浪洶湧的挑釁
日復一日年復一年

這位偉岸的白色巨人啊
只為了一個崇高任務
在黑暗中給予船隻方向
在茫茫霧夜中給予船隻希望

# 35. 鬼門開

憋了一整年
終於可以出來放風
陰間太黑暗愁雲慘霧
還是陽世好

好多宮廟為了安撫我們
舉行了各種水陸法會
噓！千萬別到水邊玩耍
我們很想抓交替

# 36. 電

無所在無所不在
你存在於我們四周
一刻也離不開你
你是現代人生活的必需

啊啊！我被電到了
若是真實生活你慘了
若是情愛世界
我鼓勵恭喜你

## 37. 夜 空

世界上最大的表演屏幕
有時群星閃爍熱鬧非凡
有時明月清照氣氛浪漫
有時漆黑一片山雨欲來

我愛夜空
回想起當年月下卿卿我我
我愛夜空
輕輕唱起了有關你的一首歌

## 38. 太 陽

黎明即起
至晚方休
你是辛勤的趕路者
把溫暖帶給人間

日復一日
年復一年
照顧地球角角落落
不私偏不厭倦

# 39. 月　亮

有時你是圓的
有時你是弦的
有時你躲在雲後
倏忽又出現我們眼前

月兒像檸檬
高高掛天空
月是飛天鏡
光芒照九州

# 40. 星　星

你離我們那麼遙遠
遙遠得無法想像
你離我們那麼近
近得看到你在眨眼睛

天上的星星不說話
地上的孩子找媽媽
是誰唱起了這首歌
聽得我也不禁淚流

# 41. 港

船兒休憩的地方
船兒啓航的地方
海浪輕輕搖晃
船兒紛紛進入夢鄉

搖呀搖呀
船兒作了個好夢
它夢見自己正壯遊四海
不畏任何狂風巨浪

# 42. 黎 明

經過漫漫長夜的等待
地球終於又睜開了眼睛
四野空氣一片清新
鳥雀在枝頭上歡歌喜迎

黎明是一首歌
黎明象徵著希望
我愛黎明
早早起來為它寫一首詩

# 43. 石 獅

鎮守在宮廟大門
守護在機關門口
不眠不休全日值勤
也從不用支薪

雖然無法到處走動
以顯顯王者威風
但硬頸精神還是有的
宵小竊賊請縮手

# 44. 墳 墓

你躺你的
我睡我的
在寂寞荒山頂上
這人生最後歸宿

沉悶了一整年
難得有人到訪
啊啊！一大堆徒子徒孫
在我門前開起同樂會

# 45. 銅 像

他仍然巍巍站立著
且高舉著右手
臉上露出
親切的笑容

昔日的狂飆已遠
匆匆走過的人群
再也懶得瞧它一眼
再也懶得瞧它一眼

# 46. 鬼

世上有鬼嗎？
有人說有
有人說沒有
各有各的道理

但對於你一而再
再而三的謊言，我只能說
寧可相信世上有鬼
也不相信你這張嘴

# 47. 瀑　布

天地之間
最白的一塊布
最美的一塊布
用溫柔的水織造完成

但它轉眼即逝
雖然仍有很多很多的
布，源源不絕的
不停的不停的在織出

# 48. 遊　輪

從這個城市到那個城市
從這個海洋到那個海洋
遊輪是移動的城堡
遊輪是海上的行宮

在遊輪上看大海壯麗
看早上晨曦傍晚夕陽
看海鷗在港口迎來送往
且閒閒躺在甲板上做日光浴

# 49. 明　鏡

這是一面明鏡
鑲嵌在群山之間
白天有雲來留影
群樹照見它們的姿容

有時明鏡也會不平靜
當雨兒急急
風兒呼呼吹起
它就模糊成一片

# 50. 海　嘯

終於再也忍不住了
海，急急的衝上岸
以恐怖的海牆
摧毀岸上的一切

人們驚懼的奔跑
最終淹沒於滾滾海潮
一棟棟高樓大廈
也像玩具般被推倒

作者與古遠清教授合影

左起傅予、莊雲惠、張詩劍、野曼、林靜助、台客

# 輯　五

## 生活日常（65首）

# 1. 母 親

是慈祥的代名詞
是偉大的同意字
上帝無法照顧每一個子民
於是賜給每位子民一個母親

母親，您在何方？
那是代表您失去母親的懷念
母親，節日快樂！
真羨慕您還擁有母親的幸福

# 2. 父 親

威嚴是您的代名詞
頂天是您的同意字
您寬闊堅毅的肩膀
總是我們小時候的依靠

父親節到了
該買個禮物送給老爸
父親節到了
啊啊！我懷念在天上的他

# 3. 兄　弟

血緣的同義字
義氣的代名詞
好兄弟人人稱讚
壞兄弟人人瞧不起

三國時劉關張桃源結義
終其一生不離不棄
歷史上為爭帝位
兄弟反目相殘不勝枚舉

# 4. 姊　妹

有著共同的嗜好或興趣
她們經常聚集在一起
久而久之有人提議
不妨來個會的姊妹

妳是我的姊妹
常常聽阿妹唱起這首歌
阿里山上有姊妹潭
澳洲藍山上有三姊妹岩

# 5. 老　人

走過了千山
踏遍了萬水
滿頭青絲變白髮
閱盡世事幾多艱

如今她只能坐在輪椅上
閒閒看著每天夕陽落
如今他只能支著拐杖
再走再走能走多遠？

# 6. 小　孩

像一顆初升的太陽
永遠朝氣蓬勃
他們有用不完的精力
他們有揮霍不盡的時間

那是一段無憂無慮的青春
那是一段活潑快樂的歲月
當時光巨輪無情輾過
我們只能頻頻回首道再見

# 7. 圍　棋

在一個四方形的戰場裡
黑白兩軍展開了大戰
戰役先從角邊開始
逐漸向中線蔓延

黑軍包圍白軍展開反包圍
戰況激烈炮火四射
終場鹿死誰手
且待下一盤分解

# 8. 象　棋

楚河漢界兩軍對壘
兵卒先行屍橫遍野
車馬出動左突右衝
炮火支援隔空重轟

戰火不久燒到京師
飛相城池急守
雙仕嚴密保護大帥
戰況膠著中兩軍看誰先擒王

## 9. 麻　將

到底是誰發明了你
到底你有多迷人
看看那些迷媽迷嫂
一上桌就通宵到底

有人玩你是為了金錢
有人玩你純粹是消遣
三缺一最難受
槓上開花最快樂

## 10. 股　市

像海浪般漲漲跌跌
一群辛苦的股民
乘船在海面上震盪
撿拾著千鈞一髮的價差

雖然有人操作得宜
撿得了一些小魚小蝦
但大部分的人不幸
被突如其來巨浪捲入海底

# 11. 納骨塔

那麼多的靈魂
擠住在這棟小小塔屋裡
寂靜寂靜寂靜，它們
整日默默地休息休息休息

塔外春去秋來風風雨雨
塔外鳥語花香歡樂人間
那些都與我們無關
那些對我們都已毫無意義

# 12. 字　典

一位飽學之士
腹中藏著學問萬千
只要你不恥下問
它一定給你滿意解答

它就坐在我書桌一角
每天默默盯緊著我
今天又讀了多少書
有問題一定要找我喔

# 13. 夜　市

美食的集中地
價錢便宜公道
庶民最愛逛
歡迎闔家光臨

蚵仔煎來一盤
炒米粉來一碗
再配個貢丸湯
肚子飽夜市多美好

# 14. 天　燈

帶著我們的期許
帶著我們的希望
天燈緩緩上升了
盞盞點亮美麗的夜空

它上升上升然後下降
最後跌落在森林裡
掉入了小河邊馬路上
明日太陽照見醜陋的垃圾

## 15. 癌

人人都不希望中獎
有的人卻不幸得獎
這獎品好沉重好沉重
重得用一生力氣都無法扛起

得獎有各種可能
若中獎只能積極樂觀面對
最好防範之道
平常不做有傷身心之事

## 16. 錢

人有兩隻腳
錢有四隻腳
任何長跑健將
都跑不過錢老大

有些人很有錢
但吝嗇摳頭比乞丐還不如
有些人錢不多
但淡泊名利也算富翁

# 17. 酒

會讓人身體微燙
會讓人全身舒茫
少量飲酒
有益身心健康

會讓人喪失理智
會讓人萎靡瘋狂
大量飲酒
傷人傷己傷肝腸

# 18. 香　煙

會抽煙的人說它是香的
不抽煙的人說它是臭的
是香是臭，海內外
自有逐臭之夫

明明煙殼上有寫
吸煙易罹各種癌症
但不見棺材不流淚
癮君子選擇不相信

# 19. 茶

曾經在綠色山坡
享受和煦的陽光
春風溫柔的撫慰
卻被一雙手

無情的摘下
放入一心二葉的竹籠
復經無情機器的攪拌碾壓
啊啊！品吧，我感謝

# 20. 檳　榔

一粒小小的「青仔」
原本是原住民的口香糖
自從加入石灰等物後
就變成易致口腔癌的毒藥

那些西施們為了我的銷路
穿清涼比基尼
買百元還送「兩粒」
連我都看不下去

# 21. 鑽　石

美麗的石頭
在地底經過嚴厲淬煉
復遇雕刻師巧手
你終於綻放耀眼光芒

一顆鑽石恆久遠
好美的電視廣告詞
但我更祝福天底下佳偶
每對婚齡都能達到鑽石級

# 22. 飛　機

人類的夢想終於實現
無翼也能空中飛行
從這個城市到那個城市
從這個國家到那個國家

天涯從此若比鄰
地球變成同一個村
又一架飛機從我頭上飛過
滿載歡樂村民欲往何處？

## 23. 火　車

一位快樂的旅行家
每天帶著一群人去旅行
從這個地方到那個地方
從這座城市到那座城市

沿途走過綠意盎然的原野
繞過盤旋曲折的青色山巒
過鐵橋鑽山洞，嘟嘟嘟
它一直往前奔跑著

## 24. 捷　運

有時在地底
有時在空中
這都市的巨龍
日夜不停的轟隆轟隆

帶給人們舒適快捷方便
促進地方旅遊經濟發展
稱頌吧！巨龍
都市不能一日無你

# 25. 相　簿

收藏歡聲笑影
收藏往事如煙
那些人那些事
依稀在腦海中盤旋

不敢打開不敢翻閱
回不去的時光
回不去的人影
我趴在相簿裡痛哭

# 26. 名　片

新來或後至
它們一張張靜靜躺臥
等待哪天主人
心血來潮的翻閱

曾經緊緊握過的手
酒酣耳熱過的臉龐
如今都已遙遠得
不復記憶

## 27. 手　機

這現代的嗎啡
人人不能一日無之
一機在手其樂無窮
一機離手如喪考妣

划呀划呀
在每一個可見的公眾場所
划呀划呀
不分尊卑貴賤男女老少

## 28. 報　紙

匯集了多少人心力
烹調出的知識大餐
足夠您舒服享用
美好清晨的時光

但它生命何其短暫
像鮮花隨落日凋零
被棄置於客廳一角
任時光風雨侵蝕

# 29. 二　胡

兩條弦
可以說出喜怒哀樂
兩條弦
道出人生坎坎坷坷

琴弦急急拉起
高山瀑布流水淙淙
琴弦緩緩拉起
平原細水悠悠長流

# 30. 月　琴

有著圓月般臉龐
一位愛唱歌的姑娘
她的歌聲如此清越
讓人聽了如痴如醉

思啊想啊起
日頭出來伊多滿天紅
一位叫陳達的恆春老人
他最愛彈唱這首歌

# 31. 葫蘆絲

以葫蘆為吹奏的樂器
盛行於雲南地區
吹起來嗚嗚作響
美妙的音樂動人心弦

「有一個美麗的地方」
「月光下的鳳尾竹」
這兩首葫蘆絲演奏曲
最令人心醉而神迷

# 32. 吉　他

年輕人最喜歡它
西洋人發明的樂器
它的小兄弟
烏克麗麗

輕輕的抱著吉他
輕輕的彈唱起：
「梅蘭梅蘭我愛妳」
我把這首歌獻給妳

# 33. 書　本

站在櫥櫃內
姿態如此悠雅
它們一位位
都是飽學之士

展卷閱讀
它們即滔滔不絕
告訴你各種新知
啓迪你各種智慧

# 34. 郵　票

一枚小小四方形的奇蹟
一隻善於飛行的大鳥
滿載熱情與希望
從這個城市到那個城市

滿載友誼與理想
從那個海洋到這個海洋
一隻善於飛行的大鳥
一枚小小四方形的奇蹟

# 35. 郵　筒

不畏颱風下雨
不懼嚴寒酷暑
孤獨的站立街頭
忠心的執行任務

用郵人來了
慎重的投入他們的付託
你恆默默，直到
那位綠色衣使者前來

# 36. 日　子

撲翅撲翅
長了翅膀的日子
像鳥兒般
一隻隻不斷的飛走了

飛走我的童年
飛走我的青年
飛走我的中年
如今迎來老年的悲哀

# 37. 掛　鐘

掛在牆壁上
它的長短指針
不停的跳動
不停的旋轉

好像時時對我說
台客先生要保握
餘命不多不多了
莫磋跎莫磋跎

# 38. 帽　子

可以遮太陽
可以擋風雨
帽子戴在我們頭上
還可以增加我們的高度

有一頂高高的帽子
人人都喜歡
送一頂給你給我給他
保證皆大歡喜

# 39. 獎　狀

貼在牆壁上
收藏在櫃子裡
獎狀代表著肯定
你在某次比賽中表現傑出

人生旅途中各扮角色
有人頒獎有人領獎
得獎者引以為榮面有喜色
就怕那張獎狀名不符實

# 40. 十字架

代表犧牲奉獻
代表聖潔堅貞
你高高的莊嚴的
豎立在每座教堂上

耶穌當年受迫害
被釘死在你上面
從此你成為聖物
哈里路亞，哦！我主

# 41. 樂　透

不管你叫樂透或透樂
總之就是賭博
翼望以小小金額
博得命運大大眷顧

算一算得獎機率
比雨天被雷打到還低
有些人就是執迷不悟
最後樂出了人命

# 42. 電　視

一個四方型的立物
每天源源不絕
帶給我們那麼多訊息
送給我們那麼多歡樂

上至天文地理
下至家庭大小事
它無所不包
我們一日不能無它

# 43. 眼　鏡

從小孩到老人
越來越多人戴上你了
是歡喜是悲哀
戴上了就一輩子依賴

悲哀啊悲哀
睜眼瞎子真悲哀
眼鏡呀眼鏡
切莫切莫亂走開

# 44. 夾娃娃

他喜歡夾娃娃
每天來到店裡
投幣操作夾臂
啊！怎麼每次都是漏接

她不喜歡夾娃娃
但不得不去
在醫院中死去活來
噢！幸好夾娃娃成功

# 45. 神　明

祂們總是高高在上
祂們永遠莊嚴神秘
被供奉在佛龕裡
接受信徒的膜拜

有人拈香虔誠祈求
有人跪地叩頭頂禮
茫然的善男信女啊佛說
凡事先求己再求我吧

# 46. 夢

在半睡半醒之間
在半醒半睡之間
有時候是好夢
有時候是惡夢

日有所思夜有所夢
作夢是腦海思緒的延長
我想追求第一美女林志玲
人家說我在做白日夢

## 47. 枕　頭

我們要感謝你
每天伴我們安眠
你支撐起我們頭部
讓我們可以高枕無憂

他是一個繡花枕頭
大家都看不起他
年輕時老婆和我床上吵架
最佳武器就是枕頭

## 48. 布袋戲

一口道盡千年史
五指弄出百萬兵
曾經電視上風靡全台
百分之九十幾的收視率

如今只剩下廟前神明
不得不忠實捧場
鑼鼓聲依舊很響
戲台前小貓三兩

# 49. 歌仔戲

戲台上鬧熱滾滾
一齣齣忠孝節義
戲台下男女老少
聚精會神痴痴迷迷

那是五○年代的往事
農村社會的年節景象
廿一世紀苦撐大局
僅剩下唯一明華園

# 50. 垃圾筒

丟吧！把所有的垃圾
任何你們不要的東西
我通通接納默默承受
絕不發一聲怨言

只要你們生活便利
只要你們居家更舒適
我就快樂，永遠默默
站立在不起眼的角落

# 51. 情人節

一年只有一次
喜鵲搭起一座彩橋
讓在天河兩岸的你我
可以悲哀的相會

一年三百六十五天
天天都是情人節
只要我倆心中有愛
歲歲年年此情不渝

# 52. 乞　丐

閉目養神
坐在大馬路邊
那老者衣衫襤褸
身前擺了一個鋁缽

路上行人匆匆
無人看他一眼
突然鏗鏘一聲
啊！流浪狗啣來一根骨頭

## 53. 牙　籤

小小的一根
兩頭尖尖
微不足道的小東西
用後即丟

很多人看不起我
但我不能看輕自己
仍然忠心為您服務
剔除牙縫污垢

## 54. 鍋與鏟

廚房裡的一對好搭檔
每天你碰我我碰你
聯手為主人拼出
一盤盤的佳餚

我是鍋妳就是鏟
平日難免吵吵鬧鬧
但床頭吵床尾和
馬馬虎虎過一生

# 55. 圖書館

從古到今
上至天文下地理
那麼多書的智者
集體在架上歡迎我

翻開我吧借閱我吧
它們默默的期待
我只能擇其所愛
其他下次再來

# 56. 鳥　籠

用水泥澆灌成的
這鳥籠實在太小了
我夢的現實經常
一不小心就碰得滿頭包

那鳥籠未免太大
看牠們在藍天白雲下
自由自在的翱翔
多麼舒心多麼愉快

# 57. 願

願我是天上
那隻殷勤的候鳥
飛越過茫茫海峽
帶給妳春天的氣息

願我是地下
那顆小小的種子
被風兒吹起降落
在妳家花園長大

# 58. 漫 畫

小時候的記憶
曾經如此瘋迷
下課後坐在租書店
看到天黑還捨不得回去

諸葛四郎大戰哭鐵面
到底哪方取得勝利？
阿三哥與大嬸婆遊台灣
這一站又來到了哪裡！

# 59. 椅　子

在不同場合各個處所
到處有大大小小椅子
供人暫時歇腳休息
流浪漢晚上竟然當床睡

但有一種椅子
你千萬不能坐
坐上去可是要殺頭
那就是龍椅

# 60. 掃　帚

掃得了地上的塵埃
掃得了樹下的落葉
但掃不了你
內心的憂鬱

掃得了馬路的垃圾
掃得了水溝的污泥
但掃不了妳
內心的妒火

# 61. 殯儀館

應該悲傷的場所
理當痛哭的地方
又一位親人好友走了
永永遠遠離開我們

悲哀的喪樂響起
大家依序向死者敬禮
不再見了好友親人
我們會永遠永遠懷念您

# 62. 火葬場

人生終於走到最後一步
感謝你們啊
親愛的至親好友
感謝你們送我最後一程

爐裡的火燄正熊熊
我已準備好了
讓我接受一次火浴吧
霹靂趴啦痛快痛快

# 63. 柑仔店

它又叫雜貨店
舉凡各種民生用品
柴米油鹽醬醋茶都可買到
有些還可以賒帳

多有人情味啊
幾十年前的台灣社會
不敵小七入侵
逐漸逐漸被淘汰殲滅

# 64. 土地公

天上最小的神
一位叫福德的老人
白鬚白髮
每天總是拿著拐杖笑嘻嘻

有什麼疑難雜症嗎
去問福德老人就對了
祂一個人未免太孤單
幫祂迎娶一位土地婆

# 65. 彌勒佛

坐在寶座上
坦然一個大肚子
祂總是笑呵呵
每天無憂無愁

祂有時揹個大布袋
裡面裝滿金銀財寶
誰家有需要
快來快來我散財

左起明秋水、文曉村、古繼堂、台客
（1993 年訪北京時於古繼堂家中用餐）

作者(右一)於贈獎儀式中致詞，左起賴益成、
金筑、呂進、文曉村。

台客（前排中）2010 年春訪寧波與當地詩友
包芝江（前左一）天涯（前右一）等合影。

# 輯 六
## 瑜你同在 (30首)

# 1. 瑜你同在

瑜你同在
在這歷史的轉捩點
是讓貪污繼續腐敗？
還是讓庶民發大財？

瑜你同在
在這民主決戰的一刻
是讓專制繼續獨裁？
還是讓它全面下台？

# 2. 高雄發大財

曾經綠得發黑
掘地三尺找不到一絲藍
旗津憂鬱
愛河在哭泣

高雄發大財
平地一聲雷響起
炸開綠地
藍天重現

## 3. 穿雲箭

是誰，射出一枝穿雲箭
散居各地的英雄好漢
紛紛束裝騎上快馬
前來打狗城相見

這一仗不好打
敵人力量完勝我方
但我們毫不畏懼
揮正義之師必克京師

## 4. 韓　流

因民怨而生
因民怨長大
當韓流來襲
比任何颱風都可怕

看，滾滾紅潮碾過
綠色植株無一倖存
藍天再現
人民重展笑顏

## 5. 庶民的力量

不需動員
沒有號召
只為了一個理念
他們來自四面八方

一個小小的廣場
擠滿密密麻麻的螞蟻雄兵
螞蟻可以扳倒大象
啊啊可怕！庶民的力量

## 6. 韓家軍

人人臉上熱情洋溢
個個手中揮舞著國旗
看紅色旗海多麼壯麗
我們自動自發來自全國各地

國家有難自己救
貪污腐敗請下台
救救我們下一代
我們挺的其實是自己

## 7. 黑韓產業鏈

黑韓產業鏈
越來越蓬勃發展
已經成立公司
且即將上市

哈哈，你看他
多會樂觀看待
愛與包容
溫良恭儉再也不讓

## 8. 草　包

他是草包
一句話不斷重複
從那人口中說出
電視中洋洋得意

他才是草包
看電視者
人人心中鄙視暗譙：
「罵人草包者其必草包！」

# 9. 三　山

一座比一座還高
一座比一座還險
決定生死的攀登
鳳山岡山旗山

旗山岡山鳳山
看勢頭節節升高
風起雲湧捲大浪
綠地終於變藍天

# 10. 土包子

一句罵人的話
一句鄙視人的話
從那位「高尚者」口中說出
引起了陣陣反彈

哈哈！我們就是土包子
真真正正歹丸土包子
快來辦個土包子大賽
大家吃得笑嗨嗨！

# 11. 國民岳父

只因有了這麼個女兒
她今年青春無敵
美麗大方十八一朵花
大家就都這樣叫我

國民岳父國民岳父
哈哈！來吧來吧
年輕少年家放膽過來
看誰能把她追到手

# 12. 貪食蛇

好長好長的機車隊伍
大街小巷綿延好幾公里
每輛車上都綁著國旗
人人歡天喜地

是甚麼人有那麼大力量
號召大家不離不棄
啊啊！我們就是支持他
他是我兄弟

# 13. 佳芬加分

一位愛笑的大姊姊
一位可親的好媽媽
走到哪裡愛心就到哪裡
佳芬加分佳芬加分

育幼院看得到她
老人院看得到她
打狗城處處有她的芳蹤
啊！佳芬加分佳芬加分

# 14. 韓　冰

一位國民美少女
冰清又玉潔
她走到哪裡
目光就聚焦到哪裡

來喔來喔
快來吃韓冰
一粒 20 三粒 50
國瑜夜市生意搶搶滾

# 15. 神秘女超人

看她穿一身勁裝
在造勢台上高喊
翻轉高雄翻轉高雄
啊！餘音現在我還聽得見

神秘女超人
多少人現在還懷念
希望她趕快再現身
她說，啊啊這點我不排除

# 16. 王又正

一位小帥哥
名電視台政論節目主持人
看他旁徵博引侃侃而談
口條清晰內容紮實

無色覺醒
百分之 94 的選民
請睜大眼睛
選出最理想候選人

# 17. 國旗女孩

看她們一位位
青春揚溢年輕美麗
啊啊！身上還穿著國旗
益發令人歡喜

多久了我們沒有唱國歌？
多久了我們沒有升國旗？
國旗女孩我敬佩妳們
舉手向妳們致最敬禮

# 18. 黑韓與挺韓

一大群的魯蛇
他們不甘既得利益受損
想方設法讓他穿小鞋
再無所不用其極的抹黑

絕大部分是庶民
為了自己及下一代
他們挺身而出
大聲吶喊誓言擁護

# 19. 禿子的秀髮

禿子的秀髮
到底去了哪裡
他說被老婆李佳芬拔光
這自然是個笑話

有幾種可能
或許是家族遺傳
或許他修行苦背心經
久而久之不覺童山濯濯

# 20. 點子王潘

是誰舉辦墜入愛河比賽？
是誰舉辦繡球招親大賽？
又是誰舉辦土包子競賽？
啊啊！是點子王潘

是大頭阿旭，哈哈
真有創意，哈哈
為高雄加分，哈哈
他拼老命不理外界非議

## 21. 強強滾

曾是綠營戰將
選戰車上的第一麥手
能言善道，一出場
煽動語言捲起千堆雪

如今卻成韓家軍鐵衛
何以至此？且聽他說：
歹丸人民站出來
快用選票來制裁……

## 22. 杏仁哥

他是真正的庶民代表
在市井賣杏仁茶的小販
為爭得一口飯吃而努力
數十年如一日

而他卻大方出錢出力
在每一場造勢大會上
令人深思啊令人感嘆
是什麼樣人格感召了他？

## 23. 文山伯

走跳南台灣最強魚販
看他在電視上侃侃而談
條理分明義正辭嚴
愧煞廟堂之上那些高官

他甘願暫時丟下手中事業
全力相挺庶民代表
台灣有錢人民安全
啊！只因這麼一句動人口號

## 24. 背影哥

就像一尊天神般
他坐於椅子上
右手拿一根長桿國旗
背，直挺挺的

在凱達格蘭大道上
造勢大會期間
突然一陣大雨來襲
看他維持淡定姿勢嘸離開

# 25. 凍未條哥

看他拿著大聲公
激動的大聲吶喊
哪裡有挺韓人潮
哪裡就有他的身影

為什麼他會那麼激動？
為什麼他會凍未條？
只因他看到了希望
唯一庶民代表選總統

# 26. 台版李英愛

網友封她這個綽號
美麗而謙虛的歡歡說：
我沒有她那麼會演戲
也沒有她那麼溫柔

但妳有妳的優點
專業的記者經驗
做好妳發言人角色
必要時得衝鋒陷陣

## 27. 他奶奶的

他奶奶的
你們這些 1450
你們這些所謂名嘴
整日在電視中造謠抹黑

恁爸等你
放馬過來吧
你越黑我越挺
看看誰怕誰

## 28. 紅　潮

一大片望也望不盡的
紅色的旗海
紅色的國旗裝
人們緋紅的臉龐

自動自發來自四面八方
他們臉上帶著企盼與吶喊
自己國家自己救
救救我們下一代

# 29. 佛光山

從彼岸輾轉渡海來台
一朵星雲尋尋覓覓
最終駐足於此，劈荊斬棘
幾十年後蔚為佛教叢林聖地

走在佛光山
處處是鳥語花香法喜充滿
走在佛光山
處處是慈悲喜捨三好問訊

# 30. 小林村

一場翻天覆地的惡夢
讓你跌落地獄
悽悽慘慘悽悽，十年了
仍然是昏天黑地

一縷陽光
從韓流的門縫透出
適時照暖
他們內心的陰影

作者於成都與木斧(左一)等詩人交流座談

作者與陸萍攝於上海外灘

# 現代的白居易

## 賞讀台客詩集《種詩的人》

陳福成

　　「黃昏六老加四」十好友，於今年（二○一九）九月二十五日，在華國飯店餐敘。席間，著名詩人台客（廖振卿）出示剛出版的詩集《種詩的人──八行詩三百首》（文史哲出版社，二○一九年九月）。酒酣耳熱之際，不及詳閱即丟入包包。

　　待回家晚上翻閱，才驚見這三百首詩可謂寫盡三千大世界及人生百態。而且在詩的技巧表現上，可以「現代白居易」形容，明朗易懂而又涵富意境，多數詩作有多層歧義詮釋。此書，體現台客深耕現代詩數十年之功力，讓我有好好寫一篇賞讀心得的衝動。《種詩的人》一書分六輯，以下按各輯簡述之。

### 輯一〈種詩的人〉

　　「種詩的人」，此一構句極為突出、鮮明，意涵深厚，引人反思，詩是用「種」的嗎？有如種樹種花一般。這輯共有五十首詩，賞讀第一首〈種詩的人〉：

日日殷勤的播種／夜夜不停的抓害除蟲／年復一年
／累積了太多疲勞／／如今老矣／眼看詩筆都要拿
不動／檢視行囊收穫稀疏／更難與永恆拔河

　　暗示詩人深耕詩壇一輩子，到了黃昏歲月，眼看著
快要拿不動筆了，清點一下成果仍「收穫稀疏」。這是
詩人的含蓄，實則台客至今在詩、散文、詩論等各類作
品，已出版十數本，算得上是多產作家。

　　但這首詩在畫龍點睛處，是最後一行「更難與永恆
拔河」！詩人創作的宗旨大致可謂與永恆拔河，更廣義
講大家都在和永恆拔河，希望勝過永恆。年輕時壯志凌
雲，理想比天高，到了有點年紀，才會看清世間的真相，
宇宙沒有什麼是永恆的。賞讀〈歷史〉：

一個時光的地底坑洞／好幽深好幽深／丟一顆石子
下去／久久久久不見回音／／持火把進去探險／遠
方不時傳來／人馬雜沓竊竊私語聲／軍隊交戰凶凶
喊殺聲

　　把人類歷史形容成一個「無底洞」，很奇詭、很新
鮮，意象鮮明而有點可怖，但很合事實，可以給人很多
想像。第二段進一步把歷史看個明白，其實只是徵候判
斷，歷史充滿「竊竊私語聲」，表示歷史很多都是私下
交易，不能公開的事、見不得人的事，而戰爭、古今中
外的歷史充滿戰爭的陰影。賞讀〈兩岸〉：

> 一道淺淺的海峽／隔開了你我／一道窄窄的海峽／
> 劃分了界限／／但隔不開的是／濃濃的血緣關係／
> 無法劃分的是／媽祖關公的信仰

讀這首詩時，正好看到報紙上有人提請政府要恢復祭孔。因為當今政府正搞「去中國化」，不擇手段要清除掉台灣人的「中國基因」，這些年來，「去孔化」、「去鄭成功化」、「去媽祖化」、「去孫中山化」、「去蔣化」……到了可怕、魔鬼的地步！

文化、血緣關係，可以斷得乾乾淨淨嗎？兩岸共同的民間信仰能斷嗎？台灣各廟宇諸神每年都要回大陸參拜祖廟……兩岸終局的答案很清楚。而終局之前，難免有些邪魔歪道，如〈太陽花〉：

> 有著太陽一樣美麗的花朵／太陽花站在花田裡／吸引無數人類前來／駐足觀賞拍照讚美／／而可嘆呀可嘆／如今你竟成另一種貶意詞／只因一群投機暴力份子／用你的名搞禍國殃民之事

一種是自然界真誠又美麗的太陽花，一種是人為邪惡又禍國殃民的太陽花，以後的歷史將如記錄西洋史的中世紀，以「黑暗時代」名之。因為「太陽花學運」之禍害，恐會影響兩岸數十年，禍國殃民，邪惡！罪惡！

誰說詩人手無寸鐵，手無縛雞之力，台客以筆為

劍，斬妖除魔，力道不亞於任何熱兵器（現代武器）。此詩必將穿透歷史、穿透時空，定位「太陽花」於邪惡面。

### 輯二〈世界采風〉

這輯有五十五首詩，書寫詩人遊走世界各國各地區之風景名勝，或對某一國度人民的印象。乃至馬雅文明、金字塔等，都是筆下風采！限篇幅僅舉三首。賞讀〈美國〉：

以星條為旗的國家／以老鷹為代表的民族／自許為地球老大／老愛扮演世界警察／／從亞洲管到歐洲／從歐洲管到非洲／有時在別人前門開砲／有時在別人後院放火

這正是現在美國人的寫照，很多人可能不知道，「伊斯蘭國」和歐洲千萬難民問題，都是美國入侵伊拉克和敍利亞製造出來的。但說到世界問題的根本，出在「美式民主」和「資本主義」，打開了「潘朵拉」的盒子。「地球第六次大滅絕」加速來到，就是人類最後結局，無解且不可逆，因潘朵拉已經解放了。這個問題須專文解釋，本文不詳述。賞讀〈日本〉：

以太陽為國旗的國家／女生愛穿和服的民族／人民謙恭有禮／見到人就打躬作揖／／但怎能忘記／它

的鐵蹄曾經伸進不少鄰國／踩死了成千上萬無辜／那些刺刀猶閃亮在時空記憶

詩點出一個世界的「千古謎題」，謙恭有禮的倭人怎會數百年來不斷侵略鄰國？四百多年來發動三次大型「滅華之戰」。倭族人自古有強烈的「亡國感」，地震、海嘯和國土狹小是主因。因此，四百年前，他們的政治狂人豐臣秀吉訂下「大和民族之天命」，要「消滅中國、統一亞洲」，侵略鄰國乃成為每一代倭人之「天命」。

很多中國人不知道這個可怕的鄰邦，筆者乃出版「中國人之天命」一書，《日本問題的終極處理：廿一世紀中國人的天命與扶桑省建設綱要》（文史哲出版社，二〇一三年七月）。此書，主張本世紀內收服倭國，改中國扶桑省，完成我國在元朝未完之使命。賞讀〈天空之城〉：

隱藏在雲霧中／迷一樣的城市／巨石如何切割搬運／為何要蓋在雲端上？／／歷經多少世紀的滄桑／馬丘，如今已成觀光聖地／在南美安地斯山脈／驕傲的悲哀的佇立

對南美印加帝國如何滅亡不知者，便不能理解這首詩，為何要蓋在雲端？為何又「悲哀的佇立」？惟詳情可見筆者《印加最後的獨白》一書，文史哲出版社出版中（二〇一九年底出版）。

簡言之，一五三二年（明嘉靖十一年）十一月十六日，約午後到黃昏，西班牙的大屠夫皮薩羅，率領含他共一六八個流氓，以現代武器對印加帝國君臣大屠殺，次年吊死國王阿塔瓦爾帕，印加滅亡，被屠殺的原因，是印加臣民不肯改信基督教。

印加主要在今之祕魯，現在祕魯的統治階層和上層社會都是兇手後裔，印加子孫仍過著苦日子，世上悲哀之事，莫此為甚。觀光客會思考這些問題嗎？詩人會。

## 輯三〈動物植物〉

這輯有五十首，世間稀奇動植物都在筆下活了。神豬、熊貓、恐龍、浮萍、龍……賞讀有趣的三首。〈老虎〉：

> 牠是一隻老虎／在山林裡稱王／哪隻動物見了牠不顫抖／趕緊溜之大吉／／她也是一隻老虎／在家庭中稱霸／老公子女見了她誰不怕／默默走離無言抗議

兩種老虎，淺顯易懂，警示那在家中稱霸的「老虎」，可能要面臨「夫離子散」的困局，應早早回頭！畢竟女人總要像個女人，何必使自己像老虎。話說回來，會成為家中老虎的女人，通常已是習性和悟性不足使然，不可能改了，就當一輩子「母老虎」吧！賞讀〈看門狗〉：

牠是一隻看門狗／齜牙咧嘴／見人就吠／博得主人
的讚賞／／它也是一隻看門狗／幫主人狂吠對手／
山姆主人有時丟點飼料／還要不停叩頭

這是一首譏諷痛快的詩，但也需要一點國際關係常
識，才能深刻理解詩之內涵。第一段是正常真正的一隻
看門狗，牠很負責任執行自己的天職，是一隻值得被讚
美的狗，好狗狗！

第二段大家都知道罵人的，只是「山姆主人」是誰？
知者應該是不多。一般稱「山姆」是指美國人，聽命於
美國的都是看門狗，日本、台灣、南韓等都是。地球叢
林只要是「大哥級」，都會有看門狗，此詩道出叢林真
相。賞讀〈椰子樹〉：

高高的站立在路旁／忠心的守護於南方／這些長腿
帥哥／微風中親切向人招手／／走累了嗎？渴了
嗎？／來來來，人客／到我的頂樓去／那兒有津液
的解渴

首段把椰子樹擬人化是常見的手法，次段這位南方
的「長腿帥哥」是非常好客有禮的，只要見到疲憊旅
人經過，即會殷勤的打招呼，請大家爬樓梯到它的頂端
去，採摘成熟的椰子津液以解渴！

## 輯四〈大自然頌〉

本輯有五十首詩，選三首頗能體現詩人的生命哲學，也甚有理趣的作品，亦頗能和讀者共鳴、共勉，有這種作用（功能）的詩，就算好詩。賞讀〈煙火〉：

我的生命就是往上衝／衝入最深最冷的夜空／然後爆炸，黑暗中／爆一朵朵希望之火花／／即使是短暫的燦爛／我也不後悔／即使摔得粉身碎骨／我也不流淚

以煙火擬人化比喻人生歷程，極為貼切，煙火從升空到結束才幾十秒。但人生如白駒過隙，就更短暫了，吾人也常說人生苦短，所以要追尋快樂。

但詩之旨意，在比喻人生如煙火，有兩個意涵。一者人生要不斷向上提昇，向上衝！不可沈落乃至沈淪；再者生命要能發光發熱，就算短暫的光熱也好，有光熱才能給人溫暖。沒有這兩個意涵，生命失去意義，人生的價值也減損很多。賞讀〈泥土〉：

任人踐踏任人蹂躪／您恒默默／只要對您有一絲善意／您恒報答以鮮花或果實／／母親般的泥土呀／百年之後／我們都將躺入您的懷裡／默默安息

第一段讚嘆大地的大公無私，默默承載一切，不論

人們如何對待大地，大地都回報以好處。這也在暗示我們為人要向大地學習，勇於承擔，永遠以善意回報一切，人能做到這個程度，離聖人就不遠了。

第二段詩鋒一轉，以母親形容大地，很溫馨貼切，孩子只要躺在母親懷裡就安心了。以此比喻，百年後入土為安，就如同躺在媽媽懷裡，這個意象也暗示生死都是自然現象，不足為憂，以平常心看待生命的結束。賞讀〈墳墓〉：

> 你躺你的／我睡我的／在寂寞荒山頂上／這是人生最後歸宿／／沉悶了一整年／難得有人到訪／啊啊！一大堆徒子徒孫／在我門前開起同樂會

詼諧之作，有點對死亡的謔浪笑傲，把死亡看成很平常的事，毫無一點恐懼。「你躺你的／我睡我的」，多麼自在，這需要有修行功力才行，可見詩人的人生修煉有一定的高度，才能「觀」死「自在」！

詩鋒一轉，墳墓裡的死人發現墓前熱鬧起來了，原來是子孫來掃墓（開同樂會）。台客詩作技巧上善於「物化」，寫動物詩人化成動物，寫死人詩人化成死人，又使死人變活人，其實都是詩人在說話。

## 輯五〈生活日常〉

本輯有六十五首好詩，大凡人倫、人際關係，生活所碰食衣住行，社會經濟等民間活動，人生會遇到用到

事物均在筆下活現。僅舉三首賞讀。〈納骨塔〉：

> 那麼多的靈魂／擠住在這棟小小塔屋裡／寂靜寂靜寂靜，它們／整日默默地休息休息休息／／塔外春去秋來風風雨雨／塔外鳥語花香歡樂人間／那些都與我們無關／那些對我們都已毫無意義

　　可能是詩人台客已近七十大壽，整本詩集出現不少和死亡相關的作品，更多的是思考人生意義和生命價值的作品。試圖經由與死亡相關事物，詮釋自己的人生哲學，如這首〈納骨塔〉，詩人又化成死人，表達人間一切已和他們無關，似乎在說人死後一了百了。

　　從詩看人，也大致判斷詩人沒有宗教信仰。世上幾種主流宗教（佛教、道教、天主、回教、天帝教），不會認為生命結束後，這個世界對死者就完全無意義了，這說來話長，不在此述。賞讀〈相簿〉：

> 收藏歡聲笑影／收藏往事如煙／那些人那些事／依稀在腦海中盤旋／／不敢打開不敢翻閱／回不去的時光／回不去的人影／我趴在相簿裡痛哭

　　我敢打賭，多數上年紀的人有這首詩的情境經驗，或許你沒有嚴重到「趴在相簿裡痛哭」，但一定有濃濃的感傷。想到珍藏一輩子幾大本幾千張照片，你兩腿一蹬，全都成了垃圾，焚化爐是唯一歸宿。

筆者早在十五年前想到這問題，決心好好處理我的數千張照片，讓他們永久典藏在大學圖書館。方法把照片放在書上，或以照片提詩，如四百張照片配合四百首短詩成一本詩集等均可，如是圖書館才有典藏途徑。把事情處理好了，你便不需趴在相簿裡痛哭。賞讀〈掛鐘〉：

掛在牆壁上／它的長短指針／不停的跳動／不停的旋轉／／好像時時對我說／台客先生要把握／餘命不多不多了／莫磋跎莫磋跎

顯然，詩人對「餘命不多」有迫切感，警惕自己要珍惜每一分鐘。何謂「餘命」？按台灣地區男性平均壽命是七十八歲強，女性是八十二歲強，若某男生七十歲，則餘命剩下八年左右可活。說長不長，說短不短，亦可謂白駒過隙，讓人百感焦慮！

面對餘命（或生死問題），是否焦慮或持何種心態？端視人的修行境界或宗教信仰程度而定。就筆者而言，身為正信佛教徒，完全依佛法看宇宙萬象，人的生命多少是累世的「業」而定，任何時候走人都「業」的結果，都是正常，故不需憂慮，隨業而行，隨業來去！

## 輯六〈瑜你同在〉

這輯三十首，寫的是有關韓國瑜。如瑜你同在、高雄發大財、穿雲箭、韓流、庶民的力量、韓家軍、黑韓

產業鏈、草包、三山、土包子、貪食蛇、佳芬加分、韓冰、國旗女孩、強強滾、他奶奶的、佛光山……僅舉三首賞讀之。〈韓流〉：

> 因民怨而生／因民怨長大／當韓流來襲／比任何颱風都可怕／／看，滾滾紅潮碾過／綠色植株無一倖存／藍天再現／人民重展笑顏

　　就像李白的〈靜夜思〉，或白居易的作品，鄉下不識字的阿公阿婆，唸給他們聽，他們也會懂得詩意在說什麼。此詩唯一要顧慮是「颱風」比喻，因為颱風意象通常是對人有害的，可能奪人生命財產，而「韓流」屬性是對人有益，可以保護人民生命財產。賞讀〈庶民的力量〉：

> 不需動員／沒有號召／只為一個理念／他們來們四面八方／／一個小小的廣場／擠滿密密麻麻的螞蟻雄兵／螞蟻可以扳倒大象／啊啊可怕！庶民的力量

　　庶民的力量，就是我國古代常說的「民心向背」，得民心者得天下，失民心者失天下。看古裝劇如《三國》，就會感覺到各政權都在爭取民心，爭取全中國多數民心，而不是某一小地區民心。當然縣長要爭取一縣之民心，村長也要爭取一村之民心，這便是庶民的力量。
　　韓流之能獲得庶民支持，主要還是當今政府搞台

獨，將把台灣帶入戰火和貧窮，「去中國化」成為漢奸政權。因而，韓國瑜的「台灣安全、人民有錢」才廣獲支持，這也是簡單的牛頓定律。賞讀〈強強滾〉：

> 曾是綠營戰將／選戰車上的第一麥手／能言善道，一出場／煽動語言捲起千堆雪／／如今卻成韓家軍鐵衛／何以至此？且聽他說：／歹丸人民站出來／快用選票來制裁……

　　台獨偽政權執政以來，不擇手段的搞「去中國化」，幾乎要向美、日一邊倒，要把台灣重新搞回日本殖民地，以倭國為母國，真是漢奸心態到了極點；不然就企圖認美帝為爹，把台灣搞成美國的一州，真是賣台到了極點。終於有深綠的人馬覺悟了，會有更多綠色人省悟變藍色人，天地都變藍了！

　　總結台客《種詩的人──八行詩三百首》，在詩學技巧上，最大的特色是把握二分法的思維邏輯。二分法是所有藝術領域（文學、戲劇、電影等，凡以聲、光、影像、文字表現的藝術）最常用方法，二分法擴大落差距離，產生強大衝擊力，震撼人之心弦。在這本詩集的三百首詩，大多呈現二分法技巧的成熟運用，體現台客深耕現代詩數十年的功力。
　　台客詩作的特色是平易近人，筆者也一向主張詩要讓人懂，越多人懂越能流傳普遍而久遠，寫作本來就是

要給人看、給人懂，不然寫了何用？

　　詩壇上有一派，認為詩不必要給人懂，所以他們發表的作品無人能知其詩意，甚至自己所寫隔日也不懂了。甚至有說，詩壇上沒有一人讀得懂，就是大師了！

　　其實歷史早有定論，李白、白居易詩作，因其平易近人，大家都懂，所以能流傳千年，他們才是真正的大師。我說台客是「現代白居易」，至於他是不是大師，由未來歷史去決定！